흔들리는 유통시장,

판세를 읽으면 돈의 흐름이 보인다

흔들리는 유통시장,
판세를 읽으면 돈의 흐름이 보인다

대한상공회의소 네트워크마케팅 유통산업통계 검증 위원
이상석 교수 지음

네트워크 마케팅을 위해 헌신하신
이영권 박사님께 무한히 감사드립니다.

| 서문 |

이영권 박사님을 추모하며

2015년은 제게 무척 힘든 한 해였습니다. 사랑하는 아버지가 세상을 떠난 해이자 가족을 잃어버린 슬픔과는 별개로 냉엄한 현실과 마주해 홀로 서야 하는 첫해였으니까요. 이 모든 과정은 저를 당황스럽게 했는데 그 이유는 갑자기 위기가 찾아오리라는 것을 조금도 예상치 못했기 때문입니다. 되돌아보면 그런 일이 닥치지 않았으면 좋겠다는 막연한 바람과 행여 좋지 않은 일이 생기더라도 아버지는 반드시 이겨낼 거라는 믿음이 제 눈과 귀를 막았다는 생각이 듭니다. 한편으로는 2009년 죽음의 문턱까지 갔다가 극적으로 살아 돌아온 경험이 있었기에 이번에도 잘 넘기실 거라 믿기도 했습니다.

'이영권 박사님'

많은 사람이 제 아버지를 이렇게 불렀습니다.

현재 60대를 지나고 있는 사람들에게 과거를 물어보면 그야말로 파.란.만.장.한 이야기가 쏟아져 나올 것입니다. 그만큼 대한민국호가 격랑의 시절을 헤쳐 왔으니까요. 제 아버지도 마찬가지입니다. 세 살 때 아버지를 여의고 모진 가난과 싸웠던 까닭에 유독 성공에 목말라했던 제 아버지는 혼신의 힘을 다해 인생에 도전했습니다. 2년간 하루 16시간씩 영어 공부에 매달리기도 했지요. 덕분에 대기업에서 최연소 임원이라는 타이틀을 거머쥐었지만 알다시피 기업은 기업인지라 아버지의 뜻과 상관없이 퇴사해야 했습니다. 하지만 아버지는 포기하지 않았고 산업 강사로 재기해 수많은 사람에게 긍정의 에너지와 꿈을 전해주었습니다.

많은 사람이 '이영권 박사'를 알게 된 시점은 여러

방송매체와 강연 등을 통해 어느 정도 이름이 알려진 후였습니다. 그렇기에 힘들고 고통스러웠던 과거를 아는 사람은 거의 없습니다. 어린 시절부터 홀어머니 밑에서 삶을 짓누르는 가난을 떨쳐내고자 애쓴 일은 얘기를 들어도 저조차 감히 상상이 가지 않습니다. 하지만 회사에서 퇴직이 결정된 날 술에 취한 모습으로 집에 돌아와 가족을 불러놓고 손을 다잡으며 뜨거운 눈물을 흘리시던 모습은 생생히 기억납니다. 이후 아버지는 냉담하기만 한 기업체, 지자체 등 여러 업체 교육 담당자들을 찾아다니면서 이력서와 강연 내용을 설명하며 '한 번'의 강연 기회를 얻고자 온갖 애를 썼습니다. 내색은 하지 않았지만 새로운 길을 개척하는 과정에서 아마 많은 설움을 받았을 것입니다.

제가 가장 강렬한 인상을 받은 아버지의 모습은 따로 있습니다. 그때 저는 아버지를 가족이 아닌 한 '인간'으로서 깊이 존경하게 되었습니다. KBS2 라디오의 〈이영권의 경제포커스〉 프로그램에서 제2의 인생을 다져가던 어느 날 아버지는 수술로는 치료가 불가능할 정도로 진전된 암 진단을 받았습니다. 깊은 충격을 받은 가족의 삶은 그때부터 180도 바뀌었고 2015년 아버지가 돌아가시기 전까지 15년 가까운 세월을 세상 사람들은 아무도 모르는 우리만의 힘들고 어려운 길을 걸었습니다.

방사선 치료와 항암 치료로 머리카락이 빠지고 다리가 붓는 등 다양한 부작용이 발생했지만 아버지는 언제나 강인한 의지와 긍정적인 사고로 위기를 넘겼습니다. 담당 주치의조차 평생의 의사생활에서 이 같은 사례는 처음이라며 혀를 내두를 정도로 초인적인 삶을 살았지요. 심지어 통증이 너무 심해 뜬눈으로 밤을 새운 날에도 그날의 강연을 위해 늘 그랬듯 운동을 하고 집을 나섰습니다. 제 아버지가 아니더라도 그런 분이라면 누구나 존경하지 않을 수 없을 것입니다. 특히 아버지는 네트워크 마케팅 사업 분야에서 강연 요청이 쇄도했습니다.

사실 저는 '네트워크 마케팅'에 대한 첫인상이 좋지 않았습니다. 아니, 나빴다고 하는 것이 더 솔직한 표현일 겁니다. 대학생 시절, 우연히 집에 혼자 있다가 배달된 소포를 받았는데 비닐로 꽁꽁 싸맨 내용물을 뜯으려

하니 머리카락이 곤두설 만큼 심한 악취가 나더군요. 저는 그 길로 파출소로 달려가 소포의 내용물이 무엇인지, 어떻게 우리 집에 오게 되었는지 그 경위를 파악해 달라고 부탁했습니다. 나중에 듣게 된 경찰의 답변은 정말 황당했습니다. 간단히 말하면 네트워크 마케팅 사업을 하다가 실패한 한 사업자가 강연에서 네트워크 사업에 대해 긍정적인 비전을 설파하는 이영권 박사가 못마땅해 그런 일을 벌였다는 것이었습니다.

그때부터 저는 아버지께 네트워크 마케팅 사업자들을 대상으로 한 강연 요청이 들어올 때마다 대놓고 불쾌감을 표시했습니다.

"아버지, 저는 아버지가 그쪽에서 강연을 하는 것이 싫습니다. 다른 곳도 많은데 왜 하필 그쪽이에요."

그때마다 아버지는 말했지요.

"네가 경영학을 공부한다고 모든 기업을 잘 아는 건 아닐 게다. 네트워크 마케팅을 무조건 나쁘게 보지 말고 제대로 공부하고 나와 이야기를 해보자."

이런 사연으로 시작된 것이 '네트워크 마케팅'과 저와의 인연입니다.

2015년 6월 27일, 저는 의사에게 아버지의 삶이 3개월도 채 남지 않았다는 얘기를 들었습니다. 뇌까지 침투한 암세포 때문에 곧 기억이 사라질 거라는 말도 들었지요. 갑자기 컴컴한 절벽 앞에 선 듯한 그 느낌은 지금도 간혹 제 정신을 뒤흔듭니다. 그날부터 저는 아버지를 간호하며 참으로 많은 이야기를 나눴습니다. 아버지는 '항상 자신이 뱉은 말에는 책임을 진다'는 신조처럼 정신을 잃기 일주일 전 수많은 제자 앞에서 마지막 강의를 했고 감사함과 죄송함, 안타까움, 슬픔이 교차하던 그곳은 이내 눈물바다가 되었습니다. 그리고 얼마 후 그분은 아예 떠났습니다.

너무 일찍 가셔서 그 허망함을 이루 다 표현하기가 어렵습니다. 그래도 이영권 박사님은 우리에게 정말 많은 것을 남겨주었습니다. 세상을 떠나기 얼마 전 박사님은 제 손을 굳게 잡으며 말했습니다.

"이제 내가 왜 네트워크 마케팅 분야에 열정을 쏟았는지 알 거다. 많은 사람이 좋은 꿈을 꾸고 앞으로 나아가도록 내가 완성하지 못한 길을 네가 잘 이어갔으면 좋겠구나. 항상 겸손하고 진실하게."

박사님은 네트워크 마케팅 사업이 많은 사람을 행복하게 해주는 사업이라고 굳게 믿었습니다. 물론 지금은 저도 확신합니다. 네트워크 마케팅은 사업 원리가 매우 독특하기 때문에 이 분야에 특별히 관심을 기울이지 않거나 애정이 없으면 공감대를 형성하기가 쉽지 않습니다. 네트워크 마케팅이 정확히 무엇인지, 이 사업에 정말로 비전이 있는지, 이 사업에 어떤 고충이 있고 어떻게 헤쳐가야 하는지 등을 알고 싶다면 일단 마음속의 편견부터 제거해야 합니다.

지금까지 저는 '경영, 경제 분야의 0.01퍼센트' 지식인을 목표로 거침없이 달려왔습니다. 대학을 수석으로 졸업한 뒤 피나는 노력을 기울여 서울대 경영대학원도 전체 수석으로 졸업했지요. 하지만 경영학을 전공한 저도 눈과 귀를 막고 네트워크 마케팅 사업에 대해 편견을 가졌던 것이 사실입니다. 돌이켜보면 제가 '균형을 갖춘 살아 있는 공부'를 한 것이 아니라 '껍데기에 불과한 죽은 공부'를 했다는 생각에 그저 부끄러울 뿐입니다.

이영권 박사님이 사업자를 이끄는 큰 나무였듯 애정과 확신을 가득 품고 청출어람(青出於藍)하겠다는 큰 목표로 깊이 뿌리를 내리겠습니다. 네트워크 마케팅 사업을 묵묵히, 단단하게 지지하는 큰 나무가 되겠습니다. 저를 지켜봐주십시오.

이상석

차례

part 1 '판세'를 파악하라

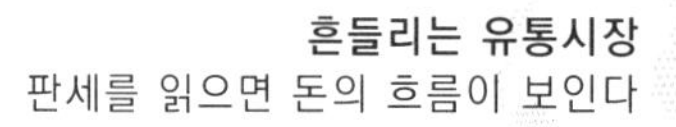

part 2 판을 흔드는 묘수를 찾아라

PART 1

‘판세’를 파악하라

가장 먼저 흐름을 읽어야 한다.
세계는 ‘생존’을 위한 몸부림 중이다.
당신은 무엇을 준비하고 있는가!

흔들리는 유통시장
판세를 읽으면 돈의 흐름이 보인다

PART 1 '판세'를 파악하라

1. 가장 먼저 흐름을 읽어야 한다

드라마 〈미생〉, 〈응답하라 1988〉 그리고 구글의 인공지능 컴퓨터 프로그램인 알파고(Alphago)와 이세돌 9단의 대결 등 최근 바둑은 우리 사회의 주요 관심 분야로 재조명받고 있다. 중국 요(堯)나라 임금이 바둑을 만들어 가르쳤다는 설이 사실이라면 바둑은 약 5,000년간 꾸준히 사랑을 받아온 셈이다. 컴퓨터 게임이 등장 이후 수명이 짧게는 수개월, 길게는 몇 년에 불과한 현실을 고려하면 바둑 속에는 시대를 초월한 그 무언가가

녹아 있는 듯하다.

바둑에서 가장 중요한 것은 판의 흐름이 어디로 흘러가고 있는지 읽는 눈이다. 다시 말해 판의 큰 흐름을 읽고 자신이 유리한지, 불리한지 정확히 읽어내야 상황에 맞는 전략을 세울 수 있다. 이러한 원리는 우리 삶에도 그대로 들어맞는다. 즉, 자신이 처한 상황의 큰 흐름을 읽고 그 속의 세부적인 부분을 파악해 전략을 세워야 '성공' 확률이 높다.

지금 이 책을 읽는 여러분은 네트워크 마케팅 사업에 종사하는 사업자거나 이제 막 사업에 관심을 갖게 된 사람일 것이다. 이 사업은 100미터 달리기가 아니니 어느 위치에 있든 그것은 중요치 않다. 이 사업의 성패를 결정짓는 것은 얼마나 빨리 시작했는가가 아니라 '얼마나 바르게 알고 시작하는가' 하는 점이다.

네트워크 마케팅 비즈니스를 완전히 이해하려면 가장 먼저 이 사업을 둘러싼 판의 흐름을 파악해야 한다.

특히 한국 사회의 급격한 환경 변화를 정확히 파악하지 못한 상태에서 한국 내 네트워크 마케팅의 성공을 논하는 것은 그 자체로 어불성설(語不成說)일 수밖에 없다.

지금 세상은 어떤 흐름을 따라 변화하고 있고 그 판 속에서 대한민국은 어떠한 변화를 경험하고 있을까? 여기서 큰 흐름은 관찰하고 작은 흐름은 살피는 대관소찰(大觀小察)의 자세로 대한민국 내 네트워크 마케팅 사업의 미래를 진단해보도록 하자.

2. 세계는 '생존'을 위한 몸부림 중

현재 나는 3개 사의 라디오에서 〈경제 뉴스 브리핑〉 패널로 활동하고 있지만 방송을 시작한 2년 전부터 지금까지 단 한 순간도 세계 경제 상황이 안정적인 모습을 본 적이 없다. 2008년 미국발 서브프라임 모기지 사태가 전 세계로 확산되면서 세계 경제는 급격한 침체기를 맞이했고, 수년이 지난 지금까지 꽁꽁 얼어버린 빙하기처럼 회복세를 보이지 못하고 있다.

이런 상황에서 네트워크 마케팅 분야의 많은 서적이 세상의 흐름에 대해 천편일률적인 진단을 내리고 있다. 가령 시대가 빠르게 변하고 있다, 세상이 하나로 연결된다, 정보화 시대다 등 다소 식상하기까지 한 내용뿐이다. 잠깐만 인터넷을 뒤져보면 알아낼 수 있는 얕은 상식 수준의 진단은 사업자들의 경쟁력 향상에 별다른 도움이 되지 않는다. 우리는 좀 더 현실적으로 큰 흐름을 이해할 필요가 있다. 그런 뒤 미래사회에 펼쳐질 메가트렌드(Mega-trend)를 얘기해도 늦지 않다.

세계 경제는 늘 호황과 불황을 반복해왔고 지금은 누가 뭐라 해도 '불황'이 대세다. 이에 따라 각국은 힘든 보릿고개를 넘기기 위해 처절한 몸부림을 치고 있다. 초강대국으로 불리는 미국은 물론 지난 수십 년간 세계 경제의 굴뚝 역할을 해온 중국 역시 경제성장률이 7퍼센트를 밑돌았다. 은행에 돈을 맡기면 이자를 주기는커녕 오히려 마이너스 금리로 저축한 돈을 빼가는 극단적인 정책을 선택한 유럽연합(EU)과 일본의 어려운 상황은 더 말할 필요조차 없다. 한마디로 언제 끝날지 모르는 질곡의 세월 속에서 전 세계 국가들은 '생존'을 목표로 온 힘을 다하고 있다.

우리가 요즘 매스컴에서 가장 많이 듣는 얘기가 '경기가 어렵다'는 볼멘소리인데 이것은 비단 대한민국만의 문제는 아니다. 특히 수출로 먹고사는 우리는 경제의 해외 의존도가 70퍼센트가 넘기 때문에 '나 홀로 잘사는 국가'를 꿈꾸기엔 무리가 있다. 우리의 세부적인 상황을 객관적으로 파악하려면 먼저 전 세계의 커다란 흐름을 읽어야 한다.

3. 대한민국? 대한민국!

장기적인 경기 불황은 전 세계 여러 국가 간에 서로 돕고 협조하는 분위기보다 자신의 상황을 우선적으로 고려해 행동하는 이기적인 분위기를 만들어냈다. '곳간에서 인심 난다'는 속담처럼 내 상황이 넉넉해야 남에게도 신경을 쓰는 것이지, 내 발등에 불이 떨어지면 남을 신경 쓸 겨를이 없다. 이런 이유로 지난 수년간 전 세계는 교역량이 줄어들었고 자국 산업을 보호하기 위한 보호무역이 확산되는 등 미래학자들이 줄곧 제기해 온 '세계화'와 반대의 길을 걸었다. 물론 스마트폰 확산으로 인터넷이라는 가상공간은 더욱 활성화되었지만, 국가 간의 실질적인 거래는 오히려 뒷걸음치는 결과를 낳았다.

모두가 몸을 사리는 분위기 속에서 대한민국은 세계경제의 판도를 역이용하는 공격적인 전략을 선택했다. 대기업을 중심으로 많은 기업이 모두가 소극적이던 무역시장에서 시장점유율을 높이기 위한 적극적인 경영을 펼쳤고 그 결과는 성공적이었다. 많은 국가가 마이너스 성장률을 기록한 2009년 대한민국은 경제협력개발기구(OECD) 국가 중 유일하게 플러스 성장을 기록했고 그 이후에도 견고한 성장세를 이어왔다. 2015년 OECD 회원국 4위에 해당할 정도로 성장률 면에서는 흐름이 좋다.

순위	국가	국민소득 (2015년)
1	미국	18조 1,247억
2	중국	11조 2,119억
3	일본	4조 2,103억
4	독일	3조 4,134억
5	영국	2조 8,534억
6	프랑스	2조 4,695억
7	인도	2조 3,080억
8	브라질	1조 9,039억
9	이탈리아	1조 8,428억
10	캐나다	1조 6,155억
11	대한민국	1조 4,351억
12	오스트레일리아	1조 2,523억
13	멕시코	1조 2,319억

〈국가별 국민총생산(GDP) 순위〉

연/분기	한국 경제성장률
2007년	5.1
2008년	2.3
2009년	0.3
2010년	6.3
2011년	3.7
2012년	2.0
2013년	3.0
2014년	3.3

〈대한민국의 경제성장률〉

같은 기간 국가 경제 크기를 나타내는 국민총생산(GDP) 순위가 15위에서 11위로 4계단 올라섰을 정도로 가파른 경제 성장 속도를 보였다. 순위가 상승한 국가가 중국(1계단), 영국(1계단), 인도(4계단)에 불과하다 보니 대한민국의 선전은 단연 눈에 띄었다. 또한 1인당 국민소득(GNP)은 2014년 기준 전 세계 28위, 국가 경쟁력 26위, 국가 브랜드 15위, 국방력 10위를 기록했다. 무역 순위는 2015년 기준 세계 6위를 기록할 정도로 사회, 경제 전반에 걸쳐 명실상부한 선진국 수준에 도달해 있음을 확인할 수 있다.

현재 대한민국은 미국 · 일본 · 독일 · 영국 · 프랑스 · 이탈리아에 이어 세계 일곱 번째로 국민소득 3만 달러, 인구 5,000만 명의 징표인 '30~50 클럽' 가입을 목전에 두고 있다. 이는 국가의 양적인 부분은 물론 삶의 수준인 질적인 부분까지 두루 갖춘 지표이므로 앞으로 여기에 포함될 경우 대한민국은 대외적으로 양과 질을 모두 갖춘 선진국 반열에 올랐음을 인정받는다.

4. 터닝포인트가 필요하다

현재의 세계적인 변화 흐름을 큰 판에서 바라보고 우리가 처한 상황을 한마디로 진단하자면 '어려운 상황 속에서도 훌륭한 성과를 냈다'고 할 수 있다. 하지만 그것만으로 안심하기엔 아직 이르다. 우리는 광복 이후 60년간 국가의 외형이 750배 가까이 성장하면서 '한강의 기적'을 이뤄냈지만, 여전히 사회 곳곳에는 어둠의 그림자가 짙게 드리워져 있다. 국민소득 수준에 비해 지나치게 비싼 집값, 물량이 턱없이 부족해서 일어나는 전세난 등 부동산 문제는 앞으로도 대한민국을 괴롭힐 커다란 골칫거리다. 그뿐 아니라 2015년 국가 예산(375조)의 10퍼센트에 해당하는 33조 원이 사교육비로 들어가면서 국민경제의 무거운 짐으로 작용하고 있는 것도 큰 문제다.

대한민국 경제는 믿음직스러운 대외적인 모습과 달리 내부적으로 큰 홍역을 앓고 있다. 일단 가계부채액이 사상 처음으로 1,000조 원을 넘어섰다. 여기에다 중

소 자영업자들의 창업 실패율은 갈수록 높아지고 복권 판매액이 최근 5년간 연속으로 3조 원을 넘었다. 흔히 최후의 보루로 여기는 보험 상품 해약건수가 사상 최대치를 기록한 것도 우리의 현실을 잘 보여준다. 오죽하면 『성공한 국가, 불행한 국민』이라는 책과 보고서가 출간되었을까.

더 심각한 문제는 국민이 삶에 대해 느끼는 행복도가 경제적인 수준에 비해 터무니 없이 낮다는 데 있다. 매년 미국의 한 기관이 발표하는 '세계행복지수'에서 대한민국은 2014년 59점으로 전 세계 230여 개 국가 중 아프리카 대륙의 가봉, 중동의 팔레스타인 및 아르메니아와 동순위인 118위를 기록했다. 이는 전 세계 행복지수 평균 71점에 한참이나 미치지 못하는 결과다. 1년의 절반 이상 동안 내전에 휩싸이는 팔레스타인, 전형적인 열대성 기후에 전 세계 GDP 순위가 114위에 불과한 가봉, 이보다 무려 30계단이나 GDP 순위가 낮은 아르메니아의 국민과 행복지수가 동률인 나라가 대한민국이다. 우리와 경제 수준이 유사한 나라 중 국민행복지수가 이토록 떨어지는 나라가 없다는 점에서 이는 분명 심각한 문제라고 할 수 있다.

지금까지는 성장을 위해 뒤돌아볼 겨를이 없었다고 말했지만 이제 이 문제를 분명히 짚고 넘어갈 시점이 되었다. 대한민국의 큰 변화를 위한 터닝포인트(Turning Point)가 필요하다는 얘기다. 무엇이 우리를 불행하게 하는가? 이 의문에 대한 답을 알아내는 것이 문제해결의 첫 단추다.

5. 블랙박스 속에 숨어 있는 선진국 증후군

국가의 외형이 선진국 수준에 도달한 상황에서 국가를 구성하는 국민 개개인의 행복지수가 여기에 한참 미치지 못한다는 것은 국가와 국민 사이에 블랙박스 이상의 무언가가 있음을 의미한다. 간단히 말하자면 국민의 생활이 만족스럽지 않다는 것을 뜻한다. 무엇이 문제일까?

내가 내린 결론은 '일'에 대한 우리의 만족감이 떨어진다는 점이다. 인간은 누구나 예외 없이 하루 24시간을 부여받는데 잠자는 시간 외에 우리가 활동하는 시간은 전적으로 가정생활과 사회생활로 나뉜다. 가정생활은 국가에서 조절할 수 없는 사적인 영역이자 다른 국가에 비해 우리가 딱히 불행할 이유는 없다. 반면 사회생활은 일이나 직장과 밀접하게 관련이 있고 이는 정부 혹은 기업들의 정책, 사회적인 분위기 개선 등을 통해 향상시켜야 한다.

중요한 것은 일이나 직장과 관련해 우리가 어떤 압박을 받고 있는가 하는 점이다. 이것은 선진국에 진입할 때 겪는 '선진국 증후군(syndrome)'과 많은 관련성이 있다. 선진국에 진입한 국가는 모두 청소년기처럼 무럭무럭 자라는 경제 발전기를 거쳐 어느 정도 성장하면 그 속도가 더뎌지는 단계를 경험했다. GDP 18조 달러로 전 세계 초강대국으로 불리는 미국은 물론 중국이 성장하기 이전에 수십 년간 전 세계 2위 자리를 차지해온 일본도 똑같이 일종의 '선진국 진입 신고식'을 치렀다.

일단 경제가 성장하면 사회적으로 생존을 위한 최소한의 수준을 충족시키면서 국민의 수명은 늘어난다. 여기에 교육 수준이 높아지고 의식이 성장해 사회에서 일어나는 여러 가지 현상을 자신의 잣대로 평가하기 시작한다. 그러나 국가의 경제성장률이 마냥 치솟을 수만은 없으므로 성장률이 더뎌지는 순간을 맞이한다. 이 경우 기업 성장률이 낮아지고 자연스럽게 일자리가 감소하며 직장에 다니던 사람들은 일찌감치 은퇴 기로에 서고 만다.

다시 말해 한창 성장하던 국가가 성장률이 더뎌지면 평균 수명이 늘어나고 의식 수준이 높아진 상태에서 직장에 머물 수 있는 근속연수는 짧아진다. 이런 상황에서 주변과 자신을 자꾸 비교하다 보니 상대적 빈곤감이 커지는 현상이 발생한다. 이것이 선진국에 진입하는 국가들이 예외 없이 겪는 '선진국 증후군'이다.

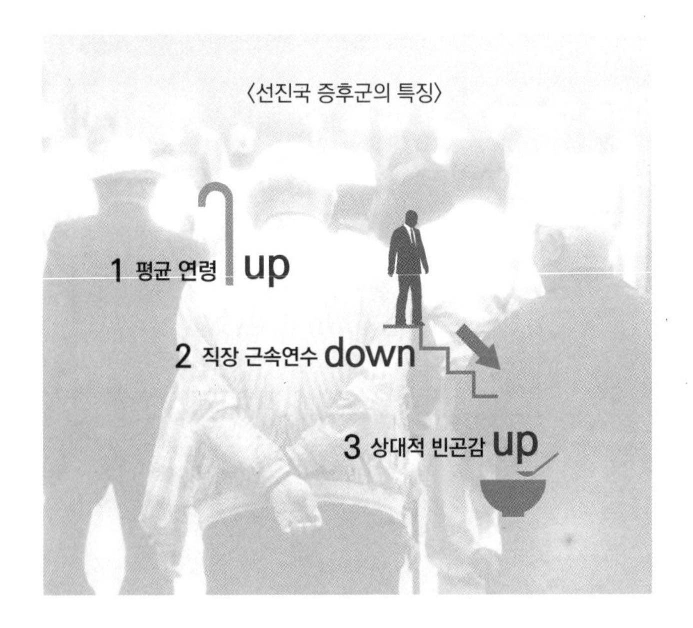

일찌감치 선진국에 진입해 세계를 이끌어온 서구 국가들은 200년 넘는 기간 동안 안정적인 성장을 이루며 선진국 증후군 현상을 해결할 내공을 쌓았다. 반면 한국, 중국, 인도 등 아시아 국가들은 50여 년이라는 짧은 기간 내에 서구가 이룬 경제적 성장을 이루느라 그 안에 벌어질 여러 가지 문제에 대해 특별한 대책을 세우지 못했다. 이것이 국가의 경제 수준과 국민이 느끼는 행복감 사이에 상당한 괴리가 나타나는 직접적인 이유다.

이러한 요인을 성인 직장인에게 대입하면 문제는 더욱 명확해진다. 나이가 들어감에 따라 가족에 대한 책임감은 커져가고 이를 감당하려면 직장생활을 오랫동안 유지해야 한다. 그러자니 좋은 평가를 받기 위해 정신적, 육체적으로 무리하게 일하는 경우가 많다. 하지만 회사는 그런 내 노력을 알아주기는커녕 퇴직 압박은 갈수록 점점 더 높아진다. 어디 그뿐인가. 집에서는 이런 마음을 아는지 모르는지 가정을 소홀히 한다며 핀잔을 주고 다른 사람들과 수입을 비교하는 일이 비일비재

하다. 한마디로 가장들이 치열한 경쟁을 뚫고 살아남느라 사회와 가정에서 주눅이 든 채 살아가고 있다.

이처럼 짓눌리는 현실에서 벗어나 좀 더 행복하게 살아갈 방법은 없는 것인가? 행복한 국민이 늘어나 자연적으로 행복한 국가가 되는 이상향을 향해 나아가는 길에서 대한민국은 지금 중대 기로에 서 있다. 국민이 일과 직장에서 행복을 느끼지 못하는 한 대한민국의 미래는 없다.

6. 어느 직장인의 하루 일기

꿀맛 같은 아침잠 1분이 소중해 알람을 오전 6시 10분으로 맞춰놨는데 배가 쌀쌀해 눈을 떠보니 알람이 울리기도 훨씬 전인 5시 30분이다. 이상하게도 주말에서 월요일로 넘어가는 날은 입사한 지 10년이 다 되어가도 적응이 되지 않는다. 조금이라도 더 쉬어볼까 하고 억지로 눈을 질끈 감아보지만 어쩔 수 없다. 배가 살살 아프기도 하고…….

아이들이 등교하기 전에 출근 준비를 마친다. 아이들이 이제 막 초등학교에 들어갔으니 앞으로 적어도 10년은 회사에서 버텨야 할 텐데……. 문득 이런 생각이 머릿속을 스쳐 지나간다. 그래, 나는 가장이다. 새끼들을 위해 그리고 사랑하는 아내를 위해 회사생활을 진짜 잘해보자. 마음속으로 다짐을 하고 집을 나선다. 둘째가 초등학교에 들어가면서 적으나마 살림에 보태겠다며 식당에서 허드렛 일을 시작한 아내에게 미안한 마음에 아침밥을 챙겨달란 말은 못하겠다.

편의점에서 김밥과 우유를 사들고 나와 지하철을 타기 전에 후딱 해치웠다. 월요일에는 다른 날보다 20분 정도 일찍 나와야 하는데 10분을 지체했더니 지하철이 지옥철이 되어버렸다. 사람들의 잔뜩 찡그린 얼굴과 종종 오가는 크고 작은 언성. 지하철을 타고 가는지 매달려 가는지 구분할 수 없는 상황에서 갑자기 지난 금요일에 부장님이 오늘까지 제출하라고 한 보고서가 떠오른다. 그 복작거리는 지하철에서 이런 생각이 떠오른다는 것이 신기할 정도다.

아내에게는 담배를 끊었다고 말했지만 회사에 출근하기 전이면 나도 모르게 발길이 흡연실로 향한다. 역시나 그들이 있다. 주말을 어찌 보냈느냐 같은 일상적인 인사가 오가고 결국 사무실에 들어선다. 월요일이다 보니 모든 부서에 왠지 모를 긴장감이 감돈

다. 일찌감치 임원회의에 참석하고 돌아온 본부장님의 표정이 심상치 않다.

"김 부장! 들어와!"

본부장님의 칼날 같은 외침에 부장님뿐 아니라 모든 부서원의 몸이 움찔했다.

기분파로 유명한 본부장님이 오늘은 날을 제대로 잡았나보다. 돌아오는 부장님의 모습을 곁눈으로 살짝 확인해보니 오늘은 진짜 무슨 일이 일어날 것 같은 불길한 예감이 든다. 혼자 담배를 피우러 나갔다 온 부장님이 부서원들을 회의실에 불러 모은다. 평소보다 나지막하고 느리게 작업 상황을 확인하는 부장님의 모습에서 안쓰러움이 느껴진다. 부장으로 승진하기 전까지는 매사에 긍정적이고 밝은 표정으로 부서의 분위기 메이커를 담당했었는데, 올해 부장으로 승진한 이후 좀처럼 웃는 모습을 보기가 힘들다. 그만큼 심리적 압박이 심한 자리인가. 가족을 위해서는 최소한 10년은 더 직장생활을 해야 할 텐데……. 회의 중에 머릿속을 휘젓는 온갖 생각에 고개를 저어

본다. 본부장님이 지난주에 제출한 보고서에 대해 불만이 컸던 모양이다. 모든 걸 갈아엎고 다시 해오란다. 지난주 금요일에 떠안은 과제에 이 보고서까지 다시 손을 보려면 오늘은 야근이다. 휴.

점심시간 외에 온종일 컴퓨터 앞에 매달려 있다가 시계를 보니 벌써 여섯 시다. 아내에게 오늘은 좀 늦을 것 같다는 전화를 하고 돌아와 다시 자리에 앉았다. 저녁밥을 대충 시켜 먹고 열 시까지 일한 뒤 퇴근했다가 내일 출근해서 일하면 내일까지 일을 해치울 수 있겠다! 시간 계산을 끝내놓고 일에 집중하려는 순간 본부장님이 저녁식사를 하러 가자며 함께 갈 부서원들을 모집한다. 부장님이 자원하니 우리도 빠질 수 없다. 짧게 끝날 줄 알았던 저녁식사가 본부장님과 부장님 간의 앙금을 털어내는 자리로 변해간다. 술잔이 오가고 언제 그랬냐는 듯 서로가 웃음 아닌 웃음을 주고받는다.

기분 좋게 취한 본부장님을 택시에 태워 보내고 다음은 부장님 차례다. 다행히 술을 많이 마시지 않아 몇 시간이라도 일할 수 있을 것 같다.

급히 사무실로 복귀해 열두 시까지 초인적인 집중력을 발휘한 뒤 마지막 전철에 몸을 싣는다. 다행이다. 졸다가 역을 지나칠 뻔했다. 도둑고양이처럼 문을 조심스레 열고 들어가 아이들이 자고 있는 것을 확인하고 최대한 조용히 씻은 뒤 잠에 푹 빠진 아내가 행여나 깰까 눈치를 보며 가만히 눕는다. 하루의 고단함이 한꺼번에 몰려온다.

몇 시간 뒤면 다시 일어나야 한다. 잠 속으로 빠져드는 희미한 의식 속에서 나는 나를 응원한다.

'괜찮아. 내일이 오면 또 내일만 버텨내자.'

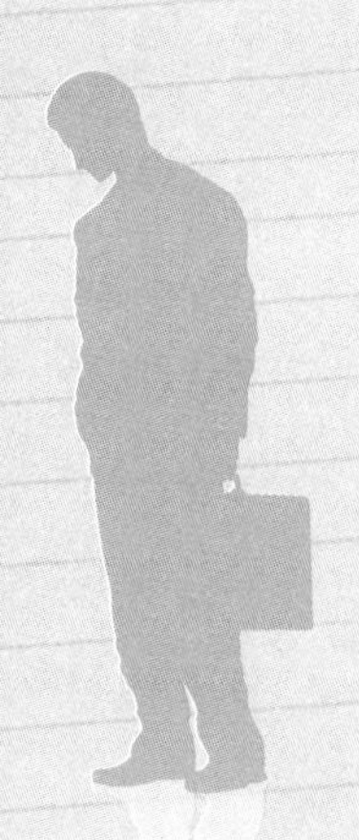

7. 버티는 것이 능사는 아니다

'어느 직장인의 하루 일기'는 여러분이 경험하는 혹은 주변에서 흔히 볼 수 있는 대한민국 직장인의 자화상이다. 대한민국 국민의 70퍼센트 이상이 기업, 정부 등의 조직으로부터 급여를 받으며 생활하고 있으니 굳이 애쓰지 않아도 이처럼 살아가는 사람을 얼마든지 찾아볼 수 있다.

실제로 대한민국 국민의 사회생활 환경은 스트레스 그 자체다.

우선 절대적으로 근무시간이 길다. 2014년 OECD에서 발표한 근무시간 통계를 보면 OECD 회원국 중 연평균 2,000시간 이상 일하는 국가는 그리스(2,042시간), 멕시코(2,228시간), 한국(2,124시간)뿐이며 그중 대한민국이 전체 2위를 기록하고 있다. 근무시간이 가장 짧은 독일의 1,371시간과 무려 753시간이나 차이가 난다. 이는 독일 노동자들이 이틀 일할 때 대한민국 노동자들은 사흘을 일한다는 의미다. OECD 회원국의 평균과 비교해도 354시간이나 높은 수치니 분명 대한민국 국민은 절대적으로 피곤할 수밖에 없다. 더 슬픈 현실은 대한민국 기업 중 다수가 초과 근무시간을 정확히 계산하지 않아 실질적인 근무시간이 통계치인 2,124시간을 크게 넘어선다는 점이다.

〈 대한민국의 연평균 근무시간과 OECD 회원국 평균 근무시간의 비교 〉

(단위 : 시간)

Time	2000	2001	2002	2003	2004	2005	2006	2007	2008	2009	2010	2011	2012	2013	2014
대한민국	2512	2499	2464	2424	2392	2351	2346	2306	2246	2232	2187	2090	2163	2079	2124
OECD 평균	1843	1828	1819	1812	1813	1807	1808	1802	1794	1700	1776	1773	1773	1770	1770

직장인의 어깨를 짓누르는 것은 이것뿐이 아니다. 그래, 오래 일하는 것은 참아낸다고 치자. 기업에 오래 다닐 수만 있다면 고단한 것쯤은 희생할 각오가 되

어 있다. 그런데 불행히도 이런 바람은 냉정하게 빗나가고 만다. 2013년 대한민국 대기업 중 근속연수가 가장 긴 기업 상위 20위까지를 살펴보면 가장 높은 수준이 평균 20년이다. 20위에 턱걸이한 기업은 평균 13.6년에 불과하다. 또한 남녀 간 근속연수 차이가 크고 대한민국에서 가장 근속연수가 길다고 하는 기업조차 성별 근속연수에 상당한 차이가 있다. 그러니 '여성이 일하기 힘든 나라'라는 불평이 터져 나올 수밖에 없다.

비슷한 맥락으로 OECD에서 2011년 회원국의 10대 그룹 평균 근속연수를 조사해 발표했는데, 대한민국 10대 그룹의 근로자 근속연수는 6.1년으로 OECD 국가 중 최하위를 기록했다. 젊은이들은 대개 학창시절부터 치열한 경쟁구도를 뚫고 명문대학에 합격하지만 입학하자마자 다시 취업 전쟁에 뛰어든다. 그런데 그렇게 해서 누구나 부러워하는 국내 10대 기업에 취업해도 평균 6.1년 뒤에는 직장을 옮기거나 다른 일을 찾는다는 얘기다.

〈 대한민국 Top 20 근속연수 대기업 〉

(단위 : 시간)

기업	기업명	평균	남	여
1	풍산	20.8	21.36	12.33
2	KT	18.8	19.2	16.6
3	포스코	18.5	18.9	8.7
4	KB금융지주	18.3	18.4	18.2
5	현대중공업	18.2	18.51	11.79
6	SK에너지	17.58	18.42	8.26
7	현대자동차	17.5	17.8	12.2
8	한국외환은행	17.2	19	13.2
9	대우조선해양	17.2	17.9	5.2
10	기아자동차	17	17.1	14
11	중소기업은행	16.41	18.41	12.75
12	KT&G	16	15.79	18.14
13	한전KPS	15.53	15.78	6.45
14	케이피케미칼	15.4	15.8	6.1
15	대구은행	15.1	18.6	10.2
16	S-OIL	14.9	15.3	9.55
17	현대미포조선	14.82	14.92	10.83
18	한국가스공사	14.48	14.68	12.22
19	한라공조	14.4	14.8	8.1
20	LS산전	13.6	13.82	11.14

이처럼 대한민국 직장인은 대다수가 일에 투입하는 절대적인 시간은 많아도 직장에 머물 수 있는 시간은 상대적으로 짧다. 얼마 전 발표된 통계 자료 역시 이런 암울한 상황을 여실히 보여준다. 대한민국의 평균 기대수명은 83세인데 반해 노동자들의 평균 은퇴 시기는 48세로 은퇴 후의 '삶의 질'이 문제가 되고 있다. 의료 기술 발달로 기대수명은 더 늘어났는데 평균 은퇴 시기는 점점 더 짧아지면서 소득 없이 보내야 하는 시간이 30년을 넘기 때문이다.

대학을 졸업하고 사회생활을 시작하는 시기는 빠르면 20대 중반에서 늦으면 30대 초반까지 점점 늦춰지고 있다. 그런데 치열한 취업 전쟁에서 살아남아 입사해도 한 기업에 오래 머물 수 없을뿐더러 회사를 20여 년 다니면 퇴직해야 하는 것이 현실이다. 더 심각한 문제는 은퇴 후 세상을 떠날 때까지 35년이라는 긴 기간을 어떻게 보낼 것인가 하는 점이다. 과연 직장생활을 하는 20년 동안 은퇴 이후의 35년을 대비할 수 있을까?

이것은 남의 얘기가 아니라 여러분 자신의 현주소다. 앞서 소개한 '어느 직장인의 하루 일기'가 더욱 슬프게 다가오는 이유는 잠들기 전 그가 스스로를 위안했듯 '괜찮아. 내일이 오면 또 내일만 버텨내자'라는 다짐이 모두의 마음속에 내재된 솔직한 심정이기 때문이다.

여러분은 지금 어떻게 미래를 준비하고 있는가? 우리에게는 분명 대안이 필요하다.

8. 인생 이모작은 필수다

처음 라디오 방송을 시작했을 때 사실 나는 일주일 동안 일어난 국·내외 경제 소식 중 청취자에게 가장 유익할 것 같은 소재를 고르는 데 집중하느라 별다른 감흥을 얻지 못했다. 그러나 방송 경험이 쌓이면서 내가 전하는 소식이 누군가에게 소중한 정보가 될 수 있다는 책임감이 느껴지면서 내 자세는 달라졌다. 안타깝게도 내가 방송을 시작한 시점부터 지금까지 국·내외 경제의 흐름이 그리 좋지 않아 좀 더 밝고 희망적인 뉴스를 다루고 싶어도 마음처럼 쉽지 않다. 이러한 고민을 방송작가에게 털어놓자 지극히 현실적인 대답이 돌아왔다.

"희망적인 소식이든 어려운 소식이든 상관없이 소신 있는 방송을 해야 해요."

맞는 말이다. 자신의 의견을 전하는 전문가는 사람들이 상황을 정확히 진단하고 올바른 의사결정을 내리도록 돕는 것이 최선이다. 설령 상황이 좋지 않더라도 현실을 냉철하게 진단하고 그 안에서 최선의 선택을 도와야 한다. 반대로 모든 일이 잘 풀리는 상황에서는 유비무환(有備無患)의 자세로 미래에 발생할 일에 대처하게 하는 한편, 현재의 좋은 상황을 오랫동안 유지하도록 도와야 한다.

같은 맥락에서 내가 지금껏 진단한 '판의 흐름'은 대한민국이 직면한 객관적 상황이다. 대한민국은 대외적으로는 '성공'한 국가의 모습을 갖췄지만 그 구성원인 국민의 행복지수는 이와 상당한 거리감이 있다. 행복도가 낮은 데는 여러 가지 원인이 있지만 그중 상당 부분이 사회생활에 대한 불만족에서 비롯되고 있다.

이런 현실을 객관적으로 전달하고 현재의 상황을 헤쳐 나가기 위해 고민을 함께하는 것이 내 역할이라고 본다. 무엇보다 이 불편한 문제를 외면하지 말고 우리가 처한 상황에서 최선의 대안을 찾았으면 한다.

먼저 우리는 우리에게 닥칠 미래를 분명한 기준점으로 구분해야 한다. 평생직장 개념이 실종된 상황에서는 이직을 하더라도 직장생활이라는 큰 틀에서 벗어나지 못하는 한 최후의 종착역은 '은퇴'일 수밖에 없다.

은퇴 이전의 기간은 인생의 전반전이자 사회생활의 첫 번째 농사 기간이다. 그리고 은퇴 이후는 인생의 후반전이자 사회생활의 이모작을 하는 기간이다. 현명한 직장인은 인생의 전반전 동안 후반전을 대비해 다양하게 투자를 한다. 여기서 말하는 투자에는 연금, 보험, 예·적금 및 각종 파생상품 같은 재테크는 물론 은퇴 이후 인생 후반전을 위한 시스템을 구축하는 것도 포함된다.

인생 후반전을 대비하기 위한 투자금액은 어느 정도가 적정할까? 이 질문에 대한 답을 찾기 위해 2013년 통계청에서 실시한 '가계금융 및 복지조사'와 '국민노후보장 패널 조사' 통계 자료를 살펴보자. 통계청에 따르면 우리나라 2인 가구는 월평균 253만 원이면 비교적 풍족함을 느낀다고 한다. 또한 최소한의 품위 유지를 위해서는 월평균 198만 원, 평균 수준으로 살려면 월평균 169만 원이 필요하다는 결과가 나왔다. 물론 수도권은 비수도권에 비해 기준이 조금 더 높다.

2인 가구에는 노인 가구 외에 무자녀 가구, 신혼 가구 등이 포함되므로 노인 가구를 집중적으로 살피려면 국민노후보장 패널 조사 결과를 함께 참고할 필요가 있다. 특별한 질병 등이 없는 건강한 노년임을 가정할 때 (사실 이 가정은 현실성이 떨어진다) 최소 노후생활비는 전체 월평균 160만 원, 적정 생활비는 225만 원으로 나타났다. 배우자가 없는 1인 노년 가구의 경우 최소 노후생활비는 월평균 99만 원, 적정 생활비는 142만 원이라는 통계치가 나왔다.

이 두 통계치를 종합하면 풍족하거나 품위 유지까지는 아니어도 평균적인 삶을 살기 위해서는 현 시점에서 2인 가구당 160~169만 원이 필요함을 알 수 있다. 계산을 단순화하기 위해 모든 이자율과 물가상승률을 고려하지 않고 접근하면 은퇴 후 10년간은 매월 '160×12개월×10년'으로 약 1억 9,200만 원이 필요하다. 은퇴 후 20년간은 매월 '160×12개월×20년'으로 약 3억

8,400만 원이 있어야 한다. 물론 이자율을 적용하지 않고 계산했으니 실제로는 이보다 훨씬 더 큰 자금이 필요하다.

직장생활을 하며 가족을 부양하고 주택 마련에다 허리가 휘어지도록 교육비를 대는 대한민국의 부모 입장에서 은퇴 후를 대비해 2~4억에 가까운 돈을 마련하기란 현실적으로 거의 불가능에 가깝다. 인생의 전반전에서 충분한 자금을 저축하고 후반전을 위해 성공적인 투자를 했다면 다행이지만, 만약 그렇지 않다면 인생 이모작을 해야 하는 이유가 여기에 있다.

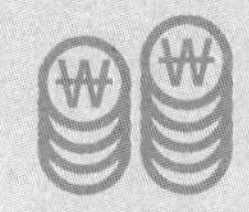

〈 2013년 가계지출자료 〉

(단위: 만원, 월)

생활수준	전국평균	수도권	비수도권
평균수준	169.85	197.45	156.81
품위있는 수준	198.41	209.37	193.21
풍족한 수준	253.49	266.25	243.23

*출처 : 통계청 "2013년 가계금융·복지조사" 가구지출 총액(소비지출 + 비소비지출) 중 2인 가구 기준 '평균 수준'은 전체 평균값, '품위있는 수준'은 소득 3분위 평균지출, '풍족한 수준'은 소득 4분위 평균지출 기준

〈 2013년 국민노후보장 패널 조사 월평균 노후생활비 〉

(단위: 만원, 월)

생활수준	부부		개인	
	최소노후생활비	적정노후생활비	최소노후생활비	적정노후생활비
전체	159.9	225	98.9	142.2
서울	189.3	270.9	115.5	167
광역시	156.8	216.8	95.6	134.7
도단위	151	212.4	94.4	136.8

*특별한 질병 등이 없는 건강한 노년임을 전제(가정)할 때 드는 비용임

9. 인생 이모작을 위한 대안, 파이프라인 사업

은퇴 이후, 즉 인생 후반전을 위한 최소 노후생활비마저 준비하지 못했는가? 걱정할 필요 없다. 사실 길지도 않은 직장생활 동안 뜻하지 않게 돈이 여기저기로 빠져나가는 바람에 자녀를 독립시키고 부부끼리 살 집 한 채를 마련한 가정도 많지 않다. 빠듯하게 견디는 생활을 하면서 충분한 노후자금을 어찌 모으겠는가.

선진국 국민은 연금 상품에 가입해 일정 부분 노후를 준비했더라도 품위를 유지하는 삶, 풍족한 삶을 위해 가급적 늦게까지 경제활동을 한다. 우리에게도 그런 마음자세가 필요하다. 즉, 인생의 두 번째 농사를 짓는 시기를 고려해 대안을 세워야 한다. 이때 필요한 개념이 '소득'에 대한 이해다.

인간의 소득은 크게 네 가지로 구분할 수 있다.

첫째는 **노동소득**으로 조직에 소속되어 일하고 받는 급여 소득을 말한다. 이 소득은 정해진 틀에서 거의 벗어나지 않으며 일을 중단하면 소득도 중단되는 특징을 보인다.

둘째는 **권리소득**이다. 이것은 특허와 관련된 저작권, 인세 및 로열티 소득, 프랜차이즈 업체 등을 허가함으로써 얻는 소득 등을 말한다.

셋째는 자신이 보유한 자산 및 금융 상품에서 발생하는 **자산소득**이다.

넷째는 상속, 증여 등에 따른 소득이나 정부에서 생활보호대상자에게 제공하는 지원금 같은 **이전 소득**이다.

누구나 아무런 대가 없이 주어지는 상속 및 증여와 관련된 이전 소득을 선호하지만, 아쉽게도 상속 및 증여 절차로 상속세와 증여세를 내고 피상속인의 소득을 받는 사람은 인구의 3퍼센트도 채 되지 않는다. 상속세 공제 범위는 순자산 10억 원인데 이것을 초과하는 자산을 자녀나 이해관계자에게 상속 및 증여하는 경우가 극히 드문 것이다. 따라서 기초수급자가 아니라면 이전 소득 혜택을 받을 가능성이 매우 낮다. 그렇다면 우리는 어떤 소득을 추구해야 할까?

노동소득은 수입이 내가 일하는 '시간'과 비례하기에 일한 만큼 번다는 평범한 원리를 가장 잘 실현한다. 하지만 질병이나 사정에 의해 노동을 그만둘 경우 소득원이 끊긴다는 치명적인 약점이 있다. 결국 합리적인 인간이라면 네 가지 소득 중 자신이 일하는 '노동시간'에 상관없이 소득이 발생하는 권리소득과 자산소득을 선택하는 것이 당연하다.

이처럼 자신의 노동시간과 관계없이 권리소득과 자산소득이 발생하는 사업을 나는 **파이프라인 사업**이라고 정의한다. 파이프를 연결한 덕분에 자신이 투입한 노동과 상관없이 정기적이고 일정한 소득이 발생하는 사업은 모두가 꿈꾸는 노후를 보장해준다.

흔히 은퇴한 직장인이 가장 먼저 떠올리는 사업이 '치킨집'이라고 하지만 진정한 갑은 그 치킨집이 들어선 건물주다. 매달 월세를 받는 임대인은 자신이 한 달 동안 무슨 일을 했는지와 상관없이 꼬박꼬박 자산소득을 번다. 반면 치킨집 사장은 영업을 중단할 경우 수입이 끊기므로 비록 '사장님' 소리는 들을지언정 엄밀한 의미에서는 노동소득을 올리는 부류에 속한다. 그렇지만 우리 주위에서 번듯한 건물을 소유할 정도로 자산을 모은 사람이 얼마나 된단 말인가.

이제 대안은 하나밖에 남지 않는다. 그것은 '권리소득'과 관련된 파이프라인 사업을 찾는 것이다. 내가 잘 다니던 대기업을 그만두고 대학시절부터 지금까지 15년 가까운 기간 동안 투자에 몰두한 이유도 궁극적으로는 이 같은 권리소득과 관련된 파이프라인 사업을 위해서다.

권리소득이란 인세처럼 발생하는 지속적인 소득을 말한다. 이러한 권리소득을 얻는 사람은 자산소득과 마찬가지로 시간에 관계없이 일하고, 심지어 일을 하든 하지 않든 상관없이 지속적으로 소득을 얻는다. 또한 아무리 유능해도 직장인과 자영업자 수입이 '시간'과 산술적으로 비례하는 데 반해, 권리소득을 올리는 사람은 자신이 만들어놓은 결과물을 통해 곱으로 증가하는 기하급수적인 수익을 얻는다. 예컨대 가수가 대중에게 사랑받는 히트곡을 여러 곡 확보하면 그 가수는 대중이 찾을 때마다 자신이 직접 노래를 부르지 않아도 음원에 따른 권리소득을 얻는다. 특히 이것은 노래가 울려 퍼지는 횟수에 따라 기하급수적으로 증가한다.

〈 소득의 차이점 〉

노동소득 (일시적인 소득)	권리소득 (지속적인 소득)
시간과 돈을 맞바꾼다.	지렛대 방식으로 적은 시간을 이용해서 큰 결실을 얻는다.
산술급수적으로 늘어나는 자산	기하급수적으로 늘어나는 자산 수입이 지속적으로 들어옴.
일을 못하게 되면(부상,병 등) 수입이 없어짐.	
시간을 마음대로 쓰지 못한다.	시간을 마음대로 쓸 수 있다.
발전이 없고 노후를 보장 받지 못한다.	자기계발과 함께 노후를 안정되게 보낼 수 있다.

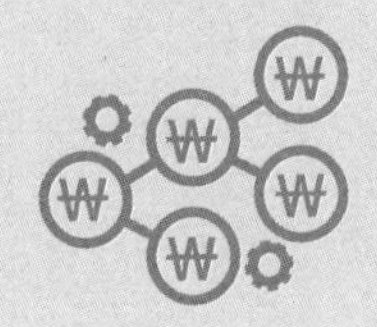

따라서 우리는 인생의 후반전을 준비하거나 시작할 때 이러한 권리소득을 안겨주는 파이프라인 사업에 초점을 두어야 한다. 물론 파이프라인 사업을 통해 권리소득을 얻는 것이 그리 쉬운 일은 아니다.

저작권과 로열티 수입을 올리려면 한 분야에 대해 특출한 '전문성'이 필요한데, 이것은 도깨비 방망이를 두들겨 하루아침에 얻을 수 있는 능력이 아니다. 특히 치열한 직장생활을 하는 직장인에게 직장 외 분야에 지속적으로 투자해 전문성을 확보하라는 얘기는 수명을 재촉하라는 말로 들릴 수도 있다.

프랜차이즈를 통한 권리소득 역시 일정 자본금이 필요할 뿐 아니라 사업이 실패할 경우 커다란 부담을 떠안게 된다. 다시 말해 프랜차이즈 사업은 치열하게 고민하고 기획한 사람이 아니면 섣불리 건드릴 수 없는 파이프라인 사업이다.

그렇다면 이 모든 문제를 피해서 파이프라인 사업을 펼칠 기회는 없을까? 이미 오래전에 선진국 증후군을 앓은 선진국의 몇몇 기업가는 시대적 변화의 '판세'

를 읽고 문제를 최소화한 비즈니스 모델을 만들어냈다. 그것이 바로 네트워크 마케팅 사업 모델이다. 실제로 평범한 국민은 자산소득을 올릴 만큼 충분한 자본력이 없다. 그렇다고 노후까지 노동소득만 바라보고 사는 것은 위험 부담이 크고, 최후의 순간에 평생 일만 하다 간다는 허무감이 들지도 모른다.

지금까지 전 세계와 대한민국의 변화 속에서 '판세'를 읽고 앞으로 다가올 미래를 대비하기 위해 파이프라인 사업에 관심을 기울여야 하는 이유를 살펴보았다. 권리소득과 자본소득을 추구하는 파이프라인 사업의 종류는 매우 다양하다. 그러나 자산에 투자할 만큼 충분한 자본력이 없거나 저작권, 로열티, 특허권을 얻기 위한 전문성을 개발하지 못했을 경우 대중이 권리소득을 얻는 훌륭한 대안으로 네트워크 마케팅 사업을 고려해보는 것이 좋다.

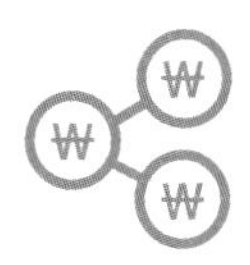

"이제 대안은 하나밖에 남지 않는다.
그것은 '권리소득'과 관련된
파이프라인 사업을 찾는 것이다."

PART 2

판을 흔드는 묘수를 찾아라

묘수는 언제나 존재한다.
흔들리는 유통의 판에서 기회를 잡자.
기회는 행동하는 자의 것이다.

흔들리는 유통시장

판세를 읽으면 돈의 흐름이 보인다

1. 묘수는 언제나 존재한다

이세돌 9단과 구글이 만든 인공지능 알파고의 대전은 1 대 4로 이세돌 9단이 고배를 마셨다. 일부에서는 이 일을 두고 '인간이 5,000년간 쌓아온 바둑의 역사를 몇 십 년 동안 만든 로봇이 무너뜨렸다'며 아쉬워했지만, 알파고의 프로그래밍 역시 그간 온갖 프로기사들의 대국 기보를 입력하고 학습시켰다는 점에서 '인간이 만들어낸 창조물'임을 잊어서는 안 된다.

다섯 판의 대국을 마친 이세돌 9단은 기자단과의 인터뷰에서 말했다.

"알파고가 더 뛰어난 수를 둔다고 생각하진 않는다. 단지 인간은 집중력에 기복을 보이는 존재고 알파고는 감정에 이끌리지 않는 연산으로 바둑을 두다 보니 이기기 힘든 적수인 것은 사실이다."

이번 대국에서 가장 큰 화제는 단연 이세돌 9단이 백을 쥐고 알파고에게 불계승을 이끌어낸 4국이다. 이세돌 9단은 초반에 바둑의 형세가 불리해지자 흑돌 사이에 백돌을 끼워 넣는 일명 '판을 흔드는' 묘수로 승부수를 던졌다.

▲이세돌 9단 알파고에 불계승 장면 〈사진=바둑TV 유튜브〉

이 수는 알파고에 입력된 기보로는 예측이 불가능한 수로 78번째에 둔 이 묘수를 기점으로 상황이 급반전되면서 결국 알파고는 돌을 던졌다. 아무리 뛰어난 연산가도 컴퓨터처럼 정확히 셈할 수는 없다. 하지만 아무리 뛰어난 인공지능도 아직은 인간의 창의성을 따라오지 못한다. 컴퓨터 중 최고의 연산 능력을 갖춘 인공지능 프로그램도 인간의 창의성 영역을 쉽게 넘볼 수 없다는 점을 일깨워준 멋진 게임이었다.

이 대국처럼 판세를 송두리째 바꿔놓는 묘수가 우리의 일상에 얼마든지 존재한다. 즉, 당연한 듯 흘러가던 대세도 새로운 수가 등장해 갑작스레 변화를 일으킬 수 있다. 예를 들어 2G폰을 대중의 당연한 휴대용 통신수단으로 여기던 2007년, 애플사의 수장이던 스티브 잡스는 전격적인 묘수를 선보였다. 비디오, 카메라, 문자, 화상음성메일, 미디어플레이어, 웹서핑 등 복합적 기능을 탑재한 아이폰(iPhone)을 출시한 것이다. 당시만 해도 휴대전화를 단순한 통화 도구 정도로 여기던 소비자들은 판을 흔드는 잡스의 묘수에 속절없이 마음을 빼앗겼다.

경영학 분야에는 이처럼 한 산업 내에 형성된 대세를 묘수 한 방으로 바꿔놓은 성공 사례가 꽤 많다. 여기서 묘수는 '혁신'이란 말로 바꿔놓아도 무방하다. 백화점 시대의 막을 내리게 한 월마트나 오프라인 거래를 온라인 거래로 바꿔놓아 패러다임 자체에 혁신을 일으킨 아마존이 그 대표적인 사례다.

이러한 대세적 흐름은 세계, 특정 국가, 특정 산업 내에 다양하게 나타나는데 그 흐름을 잘 파악하고 허점을 노리면 판세를 충분히 바꿀 수 있다. 묘수는 언제나 존재하기 때문이다.

2. 네트워크 산업은 어느 산업에 근간을 두고 있는가

우리는 앞서 권리소득을 위한 파이프라인 사업으로 네트워크 마케팅 사업이 훌륭한 대안이 될 수 있음을 확인했다.

통계청에서는 기업이 하는 다양한 일과 업종을 명쾌하게 구분하기 위해 한국표준산업분류표를 제시하는데 이는 전 세계가 공통적으로 참조하는 국제표준산업분류를 기반으로 만든다. 아홉 번의 개정을 거친 한국표준산업분류 코드는 곧 10차 개정을 앞두고 있으며 이 중 네트워크 마케팅 사업은 대분류로 유통 산업에 속한다. 하위 구분에서는 **'도매 및 소매업 ⇒ 소매업 ⇒ 무점포판매업 ⇒ 기타 무점포판매업 ⇒ 기타 무점포소매업'**에 해당한다. 복잡한 내용을 정리하고 한마디로 말하자면 한국표준산업분류표에 산업으로 분류되었다는 것은 해당 기업이 무슨 업을 하는지 명확히 한다는 점에서 정부의 공신력을 얻었음을 의미한다.

네트워크 마케팅 사업을 자세히 살펴보기에 앞서 먼저 점검해야 할 사항은 네트워크 마케팅 사업을 품고 있는 큰 틀인 유통 산업의 흐름이다. 세상에는 다양한 산업이 존재하지만 네트워크 마케팅 사업만큼 대세적 흐름이 자주 바뀌는 영역은 많지 않다. 이는 유통 산업에 종사하는 사람은 시시때때로 유통 산업에 부는 바람의 방향을 확인하고, 작은 변화도 그 기류를 잘 파악해 대응해야 성공할 수 있음을 의미한다.

작은 외풍으로 시작된 묘수가 강한 태풍이 되어 순식간에 대세를 바꿔놓는 분야가 네트워크 마케팅 사업이다. 이제 유통 산업에 부는 외풍과 앞으로의 변화 방향을 예측해보고 그 안에서 네트워크 마케팅 사업이 차지할 입지를 살펴보자.

3. 유통 산업에 불고 있는 외풍과 대세 변화

우연인지 필연인지 몰라도 내가 네트워크 마케팅 사업과 이를 포함한 유통 산업에 더 큰 관심을 기울이게 된 이유는 2014년 말 친분이 있던 대학원 교수님에게 갑작스레 전화가 걸려왔기 때문이다. 매년 발표하는 유통산업통계[1] 자료의 통계치 유효성을 검증하는 프로젝트를 진행하려 하는데 연구위원직을 섭외하는 과정에서 문득 내가 떠올랐다는 것이었다. 그 마음이 감사해서 선뜻 제안을 받아들이긴 했지만 사실 경영학에서도 유통 분야는 생산 · 관리 전공이라 내게 낯선 분야였기에 별도의 연구가 필요했다.

자료를 요청하고 며칠이 지난 어느 날 340여 쪽에 달하는 〈2014년 유통산업통계〉를 전달받아 기대 반 근

---

1 '유통산업통계'는 대한상공회의소에서 발행하는데 이 단체는 대한민국 재계를 대변하고 정부와의 직접적인 소통을 위해 만든 전국경제인연합회, 한국무역협회, 중소기업중앙회와 함께 경제 4단체에 속하는 공신력 있는 기관이다. 그들이 내놓는 통계 자료는 대한민국 유통 산업을 연구하는 관계자들이 폭넓게 사용하므로 매우 정확하고 신중하게 처리해야 한다.

심 반으로 첫 쪽을 펼쳤는데, 이게 웬일인가. 내가 평소에 관심을 기울였던 네트워크 마케팅 사업의 통계치가 다른 유통업들과 나란히 정리되어 있는 게 아닌가. 이 같은 기막힌 우연은 내가 유통 산업 전반을 이해하고 그 안에서 벌어지는 변화의 기조, 네트워크 마케팅 사업의 향후 입지를 짐작해보는 밑거름이 되었다.

기존에 출시된 많은 서적에서는 20세기 이전의 전통적이고 일반적인 유통 방식이 인류의 경제활동 진화에 따라 소비자와 생산자를 직접 연결해주는 유통구조로 바뀌는 과정을 천편일률적으로 다루고 있다. 그러나 정작 최근에 대한민국 내에서 벌어지는 유통 산업의 변화, 그중에서도 특히 소매업에 불고 있는 변화를 현장감 있게 전해주는 자료는 부족하다. 그러한 판단에 따라 여기서 그 변화를 간단하게 정리해보고자 한다.

그러면 대한민국 유통 산업의 특성과 이곳에서 일고 있는 변화를 순서대로 살펴보도록 하자.

1) 대한민국 경제의 굳건한 뿌리

대한민국은 2014년 국내총생산액이 1조 4,000억 원으로 전 세계 11위에 오를 정도로 커다란 경제 규모를 자랑한다. 이러한 위상을 차지하기까지 제조업의 역할이 컸음은 모두가 알고 있는 사실이다. 따라서 대한민국이 '제조업 강국'으로 불리는 것은 당연한 일이다. 2012년부터 2014년까지 유통산업통계에서 국내총생산 대비 제조업 비중이 30퍼센트에 이를 정도로 제조업은 막대한 비중을 차지하고 있다.

그렇다면 유통 산업은 우리 경제에서 얼마만큼의 비중을 차지하고 있을까? 도소매업으로 분류되는 유통 산업의 비중은 놀랍게도 2012년부터 2014년까지 전체 GDP의 8.3퍼센트로, 대분류한 전체 16개 산업 중 제조업에 이어 2위를 차지하고 있다. 그다음으로 많은 비중을 차지하는 부동산 및 임대업, 사업 서비스업, 공공행정 및 국방업 등의 산업 분야 성장률이 저조한 까닭에 앞으로도 유통 산업은 제조업에 이어 국가를 떠받치는 굳건한 뿌리 역할을 할 것으로 예측된다.

〈2012~2014년 GDP 대비 각 산업의 비중〉

(단위: 십억원, %)

구분	2012년		2013년		2014년	
	금액	비중	금액	비중	금액	비중
농림어업	27,506.9	2.0	28,357.7	2.1	29,086.8	2.0
광업	2,170.5	0.2	2,347.1	1.7	2,343.1	0.2
제조업	383,682.6	28.6	397,426.0	28.8	413,169.9	29.0
전기,가스,수도사업	26,710.3	2.0	26,629.2	1.9	27,220.5	1.9
건설업	54,430.5	4.1	56,044.1	4.1	56,369.4	4.0
도소매업	111,196.2	8.3	114,869.8	8.3	118,138.4	8.3
음식점 및 숙박업	30,507.1	2.3	30,775.0	2.2	31,175.4	2.2
운수 및 보관업	46,877.6	3.5	47,558.1	3.4	83,067.2	3.4
금융보험업	75,547.3	5.6	78,583.9	5.7	95,726.9	5.8
부동산 및 임대업	93,182.9	6.9	93,999.5	6.8	95,726.9	6.7
정보통신업	50,199.3	3.7	52,773.2	3.8	54,432.7	3.8
사업서비스	83,352.8	6.2	87,244.6	6.3	90,794.2	6.4
공공행정 및 국방	82,940.5	6.2	85,024.5	6.2	87,133.4	6.1
교육서비스업	64,386.6	4.8	64,773.0	4.7	65,211.2	4.6
보건 및 사회복지	48,693.4	3.6	51,247.1	3.7	55,071.1	3.9
문화 및 기타서비스	31,972.6	2.4	32,683.2	2.4	33,586.1	2.4
총부가가치(기초가격)	1,213,224.4	90.4	1,250,078.5	90.5	1,290,294.3	90.4
순생산물세	128,708.4	9.6	130,627.4	9.5	136,207.0	9.5
국내총생산(시장가격)	1,341,966.5	100.0	1,380,832.6	100.0	1,426,540.3	100.0

* 출처 : 통계청, 경제활동별 GDP 및 GNI(원계열, 실질, 분기 및 연간)
* 2010년 3월 한국은행 제 10차 기준년 개편작업 완료로 GDP 추계방법을 국제기준(1993 SNA)에 맞춰 '연쇄가중법'으로 변경.
* 유통산업은 통상 『표준산업분류』에서 도매업과 소매업에 해당되며, 산업별 국내총생산(GDP) 및 고용 국가통계에서는 도매업과 소매업을 별도 구분하고 있지 않음.
* 순생산물세 : 생산물세에서 정부보조금을 공제한 것. 생산물세는 생산자가 재화나 서비스를 생산, 배달, 판매, 이전 또는 기타 용도로 사용하였을 때 재화나 서비스에 대해 부과하는 조세

더 중요한 사실은 최근 세계 각국에서 불고 있는 '내수 산업 육성'의 흐름이 유통 산업에 훈풍으로 작용할 가능성이 크다는 점이다. 중국은 2015년 3월에 개최한 양회에서 제조업이 성장 한계치에 다다랐다는 판단을 내리고 향후 중국의 국가 성장률을 7퍼센트 이하로 내려 중속성장 정책을 펼치겠다고 했다. 대신 인민들의 삶의 질 향상을 위해 유통 산업 및 각종 서비스 산업을 집중 양성하겠다는 뜻을 내비쳤는데 이는 대한민국에 시사하는 바가 크다.

우리의 경제 체질이 지나치게 제조업에 편중되어 있는데 세계 경제가 불황기에 놓이면 무역량이 급감하고 이는 대한민국 경제에 직접적인 타격을 주기 때문이다. 따라서 대한민국도 정책 방향이 국민에게 가장 가까운 산업이자 긍정적 효과를 줄 수 있는 유통 산업 및 각종 서비스 산업의 활성화로 흘러갈 확률이 높다.

2) 소매 유통 형태(업태)별 차별화 경향

우리나라 유통 산업은 도매업과 소매업의 비중이 약 1.8 대 1로 도매업이 더 큰 비중을 차지한다. 도매 유통

업은 자동차 유통 등을 포함하는 영역이므로 사실상 우리와 직접적인 관계가 있는 분야는 소매 유통이다.

유통산업통계에서는 소매업을 유통 형태(업태)에 따라 대형마트, 백화점, 슈퍼마켓, 편의점, 전문소매점, 무점포소매점, 방문판매로 구분한다. 이 중 다소 생소한 전문소매점은 전자, 친환경 식품, 화장품 등의 특화된 상품만 전문적으로 다루는 업태를 말한다. 무점포소매점은 IT 기술이 발달하고 매체가 다양화하면서 생겨난 온라인 쇼핑, TV 홈쇼핑, 모바일 쇼핑, 소셜 커머스 등의 영역을 포함한다. 방문판매업[2]은 글자 그대로 방문해서 판매하는 방판 영역과 네트워크 마케팅 영역으로 나눠져 있다.

---

2 대한상공회의소의 유통산업통계에서는 방문판매 업태 통계치를 작성할 때 네트워크 마케팅 사업 부문과 방문판매업 부문의 수치를 구분하지 않고 합산해서 발표한다. 그러나 이 두 업종은 각각 '권리소득'과 '노동임금'을 추구하는 사업이라는 점에서 확실한 차이가 있기 때문에 각 영역을 구분해 통계치를 작성해줄 것을 담당 부서에 요청한 상태다.

2012년부터 2014년까지 소매 유통 업태별 판매액, 종사자 수, 점포 수 등(방문판매업은 판매액과 판매원 수) 주요 수치의 증감률을 살펴보면 재미있는 사실을 발견할 수 있다. 소매 유통 전 분야가 해를 거듭하면서 짧은 기간 내에 크고 작은 변화를 겪었기 때문이다.

우선 소매 유통업 중에서도 대형에 속하는 대형마트, 백화점, 슈퍼마켓, 전문소매점을 살펴보면 대형마트를 제외한 모든 업종이 3년간 성장률이 빠른 속도로 감소했다. 대형마트는 이들 평균보다 큰 폭의 상승세를 보였으나 2013년에 성장률이 큰 폭으로 떨어졌다가 2014년에 소폭 상승하는 불안정한 모습을 보였다. 반면 편의점, 무점포소매, 방문판매 영역은 대형 소매 업종에 비해 큰 폭의 증가율을 기록했다. 편의점 판매액은 2012년 두 자릿수로 성장하고 이후 두 해 동안 한 자릿수 성장률을 기록했으나 이는 여전히 소매 유통 성장률의 평균을 훨씬 뛰어넘는 수치다. 무점포소매도 편의점과 같은 추세로 성장세를 이어가고 있다. 방문판매는 판매액에서 평균 이상 성장했고 판매원 수가 매년 두 자릿수로 성장한 점이 눈에 띈다.

〈2012~2014년 소매 유통 업태별 주요 수치 증감률〉

(증감율: 전년대비)

구분 (업태별 판매액)	항목	2012년		2013년		2014년	
		수치	증감율	수치	증감율	수치	증감율
소매업태	판매액(십억원)	349,458	4.1%	353,519	1.1%	359,746	1.7%
대형마트	판매액(십억원)	45,837	6.3%	45,904	2.4%	47,496	3.5%
	종사자수(명)	61,128	1.3%	72,648	18.8%	-	-
	점포수(개)	501	6.1%	525	4.7%	-	-
백화점	판매액(십억원)	29,055	5.4%	29,800	2.6%	29,322	-1.6%
	종사자수(명)	16,859	-5.5%	15,780	-6.4%	-	-
	점포수(개)	95	2.1%	95	0%	-	-
슈퍼마켓	판매액(십억원)	34,006	4.8%	35,066	3.1%	35,350	0.8%
	종사자수(명)	79,806	8.8%	80,369	0.7%	-	-
	점포수(개)	9,047	9.3%	8,865	-2.0%	-	-
편의점	판매액(십억원)	10,884	18.3%	11,728	7.8%	12,743	8.7%
	종사자수(명)	114,456	36.5%	-	-	-	-
	점포수(개)	24,559	15.7%	24,859	1.2%	26,020	4.6%
전문소매점	판매액(십억원)	105,793	-0.0%	103,107	-2.5%	101,719	-1.3%
무점포소매	판매액(십억원)	35,859	11.1%	38,426	7.2%	41,132	7.0%
방문판매	판매액(십억원)	11,542	2.5%	12,067	4.6%	-	-
	판매원(명	4,699,818	13.1%	5,499,818	17.0%	-	-

이 결과를 종합해보면 현재 소매 유통 분야는 대형 소매업종의 성장률이 점점 떨어지는 추세이고, 소규모 소매업태 영역은 계속 성장세를 보인다는 결론에 도달한다. 그러한 변화의 이유는 크게 두 가지로 요약해볼 수 있다.

첫째, 현재 세계 경제의 불황 여파가 유통업 전반에 영향을 주고 있다. 본래 대규모 소매 유통업일수록 해외에서 들여오는 다양한 상품을 취급하기 때문에 세계 경기가 냉각되면 대형 소매업종이 소규모 소매업종보다 더 큰 타격을 받는다. 실제로 2012~2013년에는 세계 경제 상황이 바닥이라고 여겨질 만큼 어려웠는데 이 시기에 방문판매업을 제외한 전 업종의 성장률이 전년 대비 감소했다. 향후 몇 년간은 세계 경제 위축 상황이 이어질 것으로 보여 대형 소매업종의 고전이 예상된다.

둘째, 소비자들의 소비 성향 변화가 소매 유통 구조에 영향을 주고 있다. 신세계 미래정책연구소는 '2015년 8대 메가트렌드와 8대 소비 트렌드'를 발표했는데 이 중 1~2인 가구가 늘어나는 소가구화 현상, 고령 인구 급증, 국가의 장기적인 저성장, 미디어 등 매체 발달 같은 메가트렌드가 소매업종 구조조정에 영향을 주고 있다. 가령 가구 규모가 작아지면서 굳이 대형 소매점에 찾아가 장을 보기보다 소형 소매점을 찾는 사례가 늘고 있다. 매체 발달로 온라인, 스마트폰 등을 이용해 해외 직거래나 무점포 소매를 활용하는 빈도가 늘어나는 것도 대표적인 사례다.

4. 흔들리는 유통의 판에서 기회를 잡자

유통 분야는 지금 큰 지각 변동을 겪고 있다. 물론 유통 분야는 지금도 국가 경제에서 제조업 다음으로 든든한 뿌리 역할을 하고 있지만 그 속을 들여다보면 소비자가 둔 묘수에 판이 크게 흔들리고 있음을 알 수 있다. 베이비부머 세대의 인구 성장률과 국가 성장률이 계속 이어졌다면 대형 소매업종의 강세가 더 오랫동안 지속되었겠지만, 우린 이미 세계 최저 수준의 출산율을 기록하고 있고 2020년 이후부터는 국가 총 인구가 줄어들 전망이다. 이 경우 기존 선진국들이 경험했듯 소매 흐름은 소규모 업종으로 완전히 넘어가고 만다. 그런 의미에서 편의점, 무점포소매, 네트워크 마케팅 사업을 포함한 방문판매 업종이 대한민국 내에서 지속적으로 성장할 것으로 기대된다.

그중에서도 특히 네트워크 마케팅 사업은 흔들리는 유통의 판에서 대중이 기회를 잡을 수 있는 훌륭한 대안이다. 내가 이렇게 말하는 이유는 간단하다. 다른 소규모 소매업종은 일정 자본 없이는 시장에 진입조차 불가능하기 때문이다. 무점포 소매업종에는 이미 대기업을 중심으로 한 온라인 쇼핑, TV 홈쇼핑, 모바일 쇼핑, 소셜 커머스 등이 들어와 있으며 투자자금이 부족한 우리는 진입조차 꿈꾸기 힘들다.

편의점 사업 역시 편의점을 차리기 위한 적지 않은 투자금이 필요하다. 여기에다 편의점 사업을 시작한 이후 본사와의 약정 관계로 인해 일정 기간 손실을 보더라도 사업을 접을 수 없는 보이지 않는 위험이 존재한다.

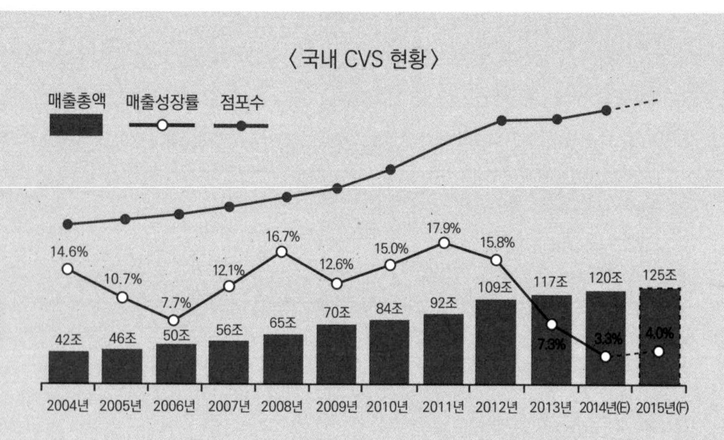

* 출처 : 한국편의점협회 (회원사 대상으로 통계청 수치와 다소 차이가 있을 수 있음)

더욱이 편의점 사업은 대한상공회의소에서 발간한 〈2015년 유통산업백서〉에서 확인 할 수 있듯 과거 2008년부터 2012년까지 연평균 15.6퍼센트나 성장하던 것에 비해 최근 매출 성장 추이가 눈에 띄게 줄고 있다. 이에 전문가들 사이에서는 편의점 사업 분야가 포화상태에 이르렀다는 분석이 지배적이다.

이 같은 상황은 네트워크 마케팅 사업의 매력을 더욱 부각시킨다. 특별한 투자 자본이 필요치 않은 것은 물론 향후에도 더욱 성장할 잠재성이 크기 때문이다. 사업의 시작과 끝을 본인이 자유롭게 결정할 수 있다는 것도 무점포 및 편의점 소매업과 차별화된 이점이다.

5. 기회는 행동하는 자의 것

중국 최고의 부호이자 전 세계 10대 부호인 리카싱(李嘉誠) 청쿵프라퍼티 홀딩스 회장은 자신의 자서전을 통해 이런 말을 남겼다.

"인간의 삶에는 운이 70퍼센트, 자신의 노력이 30퍼센트 작용한다. 그러나 70퍼센트의 운도 결국은 자신의 의지로 만들어진다."

이 말처럼 아무리 좋은 운이 찾아와도 그것을 잡기 위해 스스로 노력하지 않으면 기회는 사라져버린다. 우리는 삶에서 크고 작은 기회와 마주한다. 아마 '그때 그 기회를 어떻게든 잡았어야 했는데'라며 후회한 적이 한 번쯤은 있을 것이다.

세상은 아주 빠른 속도로 변화하고 있다. 현실적으로 앨빈 토플러, 존 네이스비츠, 폴 케네디처럼 내공이 깊은 현자들도 과거와 달리 향후 10년 밖을 내다보는 것이 쉽지 않다. 현실이 이런데도 불구하고 눈앞에 보이는 상황에만 매몰되어 살아가는 사람이 너무 많아 안타깝다. '남들이 저 정도 하니 나도 그 정도만 하면 남들처럼은 살겠지'라고 스스로 합리화를 하면서 말이다.

2008년 미국발 경제 위기가 발생하기 직전 전 세계 주식시장은 '버블의 끝'을 달리고 있었다. 그 이전 몇 년간 주가가 하늘 높은 줄 모르고 치솟자 2007년 말부터 일반 개미 투자자들까지 자금을 끌어 모아 '묻지마 투자'를 했기 때문이다. 2008년 초부터 세계 경제에 여러 차례 위기 신호가 감지되었지만 '소귀에 경 읽기'였다. 결국 버블은 터졌고 아무 생각 없이 뒤늦게 주식시장에 진입한 투자자들은 엄청난 손실을 떠안아야 했다.

몇 해 뒤 행동경제학자들은 이들 투자자의 비이성적인 투자 행동을 '스프링 벅' 현상이라고 불렀다.

아프리카에서 무리지어 서식하는 스프링 벅은 먹성이 좋고 번식력이 뛰어난 동물이다. 이들은 개체수가 늘어나면 무리의 뒤편에 있는 스프링 벅이 무리의 앞쪽으로 이동해서 풀을 먹기 위해 달리기 시작한다. 그러면 앞쪽에 있던 녀석들 역시 뒤처지지 않기 위해 달리

다가 결국 강이나 절벽에 추락해 집단으로 목숨을 잃는다고 한다. 비이성적, 무사고적 집단행동을 스프링 벅 현상이라고 부르는 이유가 여기에 있다.

혹시 여러분도 스프링 벅처럼 아무 생각 없이 남들을 따라 달리고 있지 않는가. 인생의 후반전을 준비해야 한다는 말을 인정하면서도 주변의 누군가가 실천하지 않기에 지금의 '기회'를 놓쳐버리고 있지는 않은가. 파이프라인을 구축하기 위한 투자는 여러분이 그 중요성을 깨닫는 순간부터 행할수록 성공에 더 빨리 다가갈 수 있다. 인생의 이모작을 결정짓는 투자이기에 오랜 시간 파이프라인을 조이고 기름칠을 할수록 '질' 높은 미래를 보장받는 것이다.

여러분 모두가 기회를 잡아채는 용기와 결단력을 발휘하고 그것을 행동으로 옮김으로써 미래세상의 중심에 우뚝 서길 간절히 바란다.

흔들리는 유통시장,
판세를 읽으면 돈의 흐름이 보인다

1판 1쇄 찍음 2016년 4월 5일
1판 4쇄 펴냄 2019년 3월 12일

지 은 이 이상석
펴 낸 이 배동선
마케팅부/최진균
총무부/허선아
펴 낸 곳 아름다운사회
출판등록 2008년 1월 15일
등록번호 제2008-1738호
주 소 서울특별시 강동구 성내로 16, 3층 303호(성내동, 동해빌딩)
대표전화 (02)479-0023
팩 스 (02)479-0537
E-mai assabooks@naver.com

ISBN : 978-89-5793-188-2 03320

값 4,000원

잘못된 책은 교환해 드립니다.